THESE HANDS

THESE HANDS

PER AAGE BRANDT

SELECTED & TRANSLATED FROM THE DANISH BY

THOM SATTERLEE

HOST PUBLICATIONS
AUSTIN, TEXAS

Special thanks to 

Host Publications, Inc. 277 Broadway, Suite 210, New York, NY 10007

Layout and Design: Joe Bratcher & Anand Ramaswamy
Cover Photo: M. C. Escher
Jacket Design: Anand Ramaswamy

First Edition

Library of Congress Cataloging-in-Publication Data

Brandt, Per Aage.
These hands / Per Aage Brandt ; translated from the Danish by Thom Satterlee. -- 1st ed.
p. cm.
Text in English and Danish.
ISBN-13: 978-0-924047-74-9 (pbk. : alk. paper)
ISBN-10: 0-924047-74-7 (pbk. : alk. paper)
I. Satterlee, Thom. II. Title.
PT8176.12.R35T54 2010
839.81'174--dc22

2010031413

TABLE OF CONTENTS

fra *negationer* / from *negations*, 2007

fra *Tændstikhoveder* / from *Match Heads,* 2004

fra *Om Noget—og Hvad deraf Følger* /
from *On Something—and What Follows from It, 2001*

fra *Ups and Downs* / from *Ups and Downs*, 1996

ACKNOWLEDGMENTS

Grateful acknowledgment is made to the editors of the following periodicals in which these translations first appeared:

The Dirty Goat: "[a wild cat tore my hand to pieces yesterday…]," "[are these hands and this whole body then…]," "[he wakes up and has to be his self again…]", "[sooty night sky with fifteen small stars tacked…]," "[I stand behind a curtain and wait for the meaning of life, soon…]," "[I once wrote that time's pure flow is made of light…]," "[everything is necessary, the car's flat tire…]," "[according to an official decree from the ministry of contemporary…]," "[once a person's name was a brief wordless song…]," "[A little man sits inside of a man's head…]," and "[verse is about staying very close…]."

Moon City Review: "[in the snow you leave tracks…]," "[the cats speak in swedish…]," "[an inaudible music…]," "[it's thundering and lightening…]," "[yes, true, I don't know…]," "[when something means something…]," "[a dead man sits…]," "[the lively ones live…]," and "[after the day's fill…]."

Poetry Northwest: "[Some people develop indifference…]."

The translator wishes to thank the Danish Arts Council and Case Western Reserve University for their financial support. He also thanks Taylor University for granting him a sabbatical during which this work was completed.

INTRODUCTION

The Danish word *sproggeni* means "linguistic genius," and no word better describes Per Aage Brandt. *Sproggeni*, in one sense, refers to facility with languages, often applied to polyglots – in Brandt's case Danish / Swedish / French / Spanish / German / Italian / English, as well as classical Greek and Latin. But the word also points to a trait beyond technical mastery, something closer to original invention. Here Brandt's contribution to contemporary Danish poetry might best be seen: he re-sets the limits of language and creates a new kind of verse. As one Danish critic has said, Brandt's work "bears more resemblance to a brainwave than a book of poems."

The uniqueness of his work comes, naturally, from the uniqueness of the person himself. Unlike many other professor-poets, Brandt's academic discipline is not literature per se but semiotics, a field in which he has authored a dozen books and roughly two hundred and fifty articles. Brandt received his Ph.D. from the Sorbonne, his main areas of training being Romance Philology, Linguistics, and Comparative Literature. He has held teaching posts at the three major Danish universities (Copenhagen, Roskilde, and Aarhus) and visiting lectureships and fellowships at the Center for Advanced Study in the Behavioral Sciences at Stanford, University of Bologna,

University of Rosario (Argentina), École des Hautes Études, and Collège International de Philosophie, Paris. He is currently Professor of Cognitive Science at Case Western Reserve University.

The poetry he has produced over the last thirty-five years, numbering close to thirty volumes, reflects his academic interests, certainly. Many of them read like thought-experiments – as if the cognitive scientist made poetry his laboratory and theories his poems. Here, in a poem that imitates the thought process, Brandt explores the problem of individual perception:

> I see that you stare, and so probably also see,
> but not what you see, I see; see this is a
> big problem for me: what is even more
> significant than that; but the door isn't
> open, I can just lean into what you're now
> saying you see; it's certainly trustworthy
> and under every circumstance the one thing
> that would address the problem; but it
> hurts, never to be able to share what is seen
> and experienced now by us and nobody else

Along with being what one might call a "theoretical" poem, this example also strikes me as having two other qualities common to Brandt's work: humor and humanity. His poetry has a sense of playfulness and a sense of a personhood – someone behind the poem who doesn't take himself too seriously, even as he addresses profoundly serious subjects. Consider the dark humor in the following poem about suicide bombers:

> he strapped the dynamite to himself,
> buttoned his pants, and walked in
> among the crowd of enemies,
> thinking happily, "closer
> my god to thee," much closer

Many of Brandt's poems focus on religious belief, such as the poems that begin "There are only three gods…" and "I met a man who was deeply religious…." Other poems address contemporary politics, offering not so much a new idea but a new way to express that idea, the result of a different kind of perception. Along these lines, I think of his poem describing American politicians:

> the moon is an american politician,
> slightly overfed and deeply religious,
> it shines its curse over the trees and
> rooftops, while the night turns gray
> and the darkness longs for its stars

Here, as in much of his work, comedy mixes with serious critique. And here also one can glimpse the semiotician behind the poem. Brandt's attention to signs translates comfortably into poetic symbol and blurs the boundaries between philosopher and versifier.

At times Brandt's dual role as poet and professor has brought him criticism, as he admits in a recent interview in a leading Danish newspaper: "I'm often told that my poetry is too academic and that as a professor I am too poetic. There is always something that gets in the way. It's especially true because I'm a professor who concerns himself with language and not, for instance, a banker, so it can be troubling to some people. But I have to accept it as my fate that this is how I am." But appreciation for Brandt's work is growing in his native Denmark. Positive reviews for his most recent books praise him as a poet who has "finely crafted his inquisitiveness, his love for both the form and the reception of a given expression, and its sobering claims on the one who sends them" and describe his work as "playful and musical." One recent review ends simply, "Read his poetry!"

As Brandt's work now becomes available to an English audience, certain losses through translation should be acknowledged. To call his poetry "free verse" would be to overlook obvious constraints the poet places on himself. Thanks to this bilingual edition, readers can see the shape of Brandt's poems, the far majority of which appear almost center-justified on the page. This isn't a trick of typesetting. Brandt uses line length as a formal element of his poetry, and in one of his poems he includes this quality as a feature of his aesthetic: "verse is about staying very close / to the left margin." Readers familiar with Danish will note, however, that the original says something slightly different and in tighter language: "poesi er at holde sig i nærheden / af venstre margin" – literally, "verse is to hold oneself in the vicinity / of the left margin." In translating this and many of the poems in the current volume I found myself trying to balance the need to produce lines of uniform length with the equally important need to replicate the rhythm and speed of Brandt's original. The latter often depends on the key final word of a given line and the way that word either slows or accelerates the reader's movement to the next line. Naturally, I am happier with some compromises than others. In all of the poems, I hope readers will appreciate the poet's ability to improvise within set limits. This element is important because, along with being a semiotician and a poet, Brandt is also an accomplished jazz musician.

Perhaps Brandt's most unique feature, and one that Danish readers would find as unusual as English readers, is his use of "post-titles." Instead of placing a title before a poem, Brandt prefers to save it until after the poem's final line, setting the title off in parentheses underneath the body of the poem. In most cases, the post-title serves the same function as a conventional title, bringing focus to the poem or emphasizing an element, only doing so retroactively. Other times the post-title will complete the poem's final sentence, just as run-on titles begin a poem's first sentence. As far as I know, Brandt invented the post-title and is its sole practitioner. When I asked him to explain his purpose, he told me that he found conventional titles to be too loud, like an explosion that precedes the poem. He likes the quieter post-title, which he compared to a jazz vocalist whispering away from the microphone after a song has ended.

– *Thom Satterlee*

THESE HANDS

FRA FANDANGO 2008

FROM FANDANGO 2008

jeg ser, at du stirrer og derfor nok også ser,
men ikke, hvad du ser, ser jeg; se, det er et
stort problem for mig: hvad er meget mere
betydningsfuldt end at; men døren er ikke
åben, jeg kan kun læne mig til, hvad du nu
siger, at du ser; det er sikkert ret troværdigt
og under alle omstændigheder det eneste,
der kan stilles op med problemet; men det
gør ondt, dette aldrig at kunne være fælles
om det, der ses og opleves nu af netop os

(synligt, usynligt)

I see that you stare, and so probably also see,
but not what you see, I see; see this is a
big problem for me: what is even more
significant than that; but the door isn't
open, I can just lean into what you're now
saying you see; it's certainly trustworthy
and under every circumstance the one thing
that would address the problem; but it
hurts, never to be able to share what is seen
and experienced now by us and nobody else

(visible, invisible)

i sneen efterlader man spor, indtil den store sorte
sneskraber kommer buldrende og gør vejen bred,
så kan man altid prøve igen, indtil osv., indtil det
bliver forår, og man i øvrigt snarere svæver over
det nyrejste græs som en guldsmed og en kolibri,
de har aldrig sat deres støvler i den substans, der
her er tale om; for nu er man kun en slags grafik
på nethinden, en slags visuel tinnitus, et par slag
i luften, hvori ingen kan skrive, og hvorfor skulle
man også det, man kan jo nøjes med at fløjte lidt

in the snow you leave tracks until the big black
snowplow comes rumbling and scrapes the road
but you can always try again, until etc., until it
turns to spring, and you're largely levitating over
the new grass like a dragonfly and a hummingbird,
these have never set their boots in the substance that
is spoken of here; because now you're just some graphic
on the retina, a sort of visual tinnitus, a couple of beats
in the air on which no one can write, and why should
one do that, one can always get by with a little whistling

kattene snakker svensk ved sekstiden
hver morgen, den ene vestgötisk, den anden
endda gotlandsk, de fatter ikke, hvorfor det er
så koldt og øde, det er, fordi jeg endnu drømmer,
og rigtigt sprog står op senere her i huset, og vejret
er simpelthen pisseligeglad med os, ikke en mine
fortrækker det, lige netop som visse mennesker,
pissekolde og svenske, nåja, små slag, min herre,
strindberg har ikke levet forgæves, nej, se, det
er jeg egentlig klar over, hvor tidligt det end er

the cats speak in swedish at around six o'clock
each morning, the one in visogothish, the other
even gothlandish, they don't understand why it is
so cold and desolate, it's because I'm still dreaming,
and proper languages get up later in this house,
and the weather simply doesn't give a shit, it
doesn't even pretend to, just like certain people,
damned cold and swedish, well, easy now friend,
strindberg did not live in vain, no, see, that's
what I'm finally able to see, however early it is

en uhørlig musik bag den hørlige,
så tænker du: aha, et sprog i sproget,
et ansigt i et ansigt, og jeg: ikke i, men
bag noget er der noget, som kat bag træ

an inaudible music behind the audible,
so you think, ah, a language inside language,
a face inside a face, and I: not in it, but behind
something there is something, like cat behind tree

det lyner og tordner over den smeltende sne,
nattens dyr skuler under buske og skrammel,
regnen pisker panisk mod taget, vi har stadig
elektricitet, det er nyttigt, men hvem ved hvor
længe, og hvor det var, jeg ville gå hen, inden
alt brød ud, ved ingen; mit øre synger af sig selv

it's thundering and lightning over the melting snow,
nocturnal animals scowl from bushes and junk piles,
the rain whips the roof into a panic, we still have
electricity, that helps, but who knows for how long,
or where it was I was meaning to go, before it all
broke loose, no one knows; my ear sings on its own

ja jeg ved jo ikke hvad du tænker på men
hvad med en enkelt lille tanke i retning af
mig og det der sker lige nu lige her og lige
om lidt, vel, det er bare et forslag, lige dér
hvor du selv er, så vidt jeg ved, eller tror,
mens jeg står og venter på en rusten bus?

yes true I don't know what you're thinking but
how about one little thought in the direction of
me and what's happening right here right now and in
a while, well, it's only a suggestion, to where
you yourself are, as far as I know, or believe,
while I stand here waiting for a rusty bus?

når noget betyder noget, må man være taknemmelig
og også barmhjertig og gå det i møde med armene strakt
til begge sider og håndfladerne vendt mod det kommende,
hvordan det end tager sig ud og lyder, smager og så videre,
for det er en gave, enten fra tingene selv, fra menneskene
inkl. kollegerne eller fra en ven: en sådan betyder sig selv

when something means something, you should be grateful
and also charitable and greet it with your arms outstretched
and your palms open and held out for whatever is coming,
regardless of how it looks and sounds or tastes and so on
because it's a gift, either from things as such, from humans
including colleagues, or from friends: those mean themselves

død vil sige:
opløst og svundet hen i grænseløs væren
og:
betaler ikke længere skat

to be dead means to be:
dissolved and faded into boundless being
and:
no longer paying taxes

er du der derude, du
ånd, du køn, du kikkert,
seende det, der er at se,
og det, der bare er, du kød,
du artsfælle, sprogførende,
drømmebesøgte, af latter
nedbrudte og genrejste,
du endnu levende, af vejr
bidte, dog selv bidende,
et sted må du vel være

(kalden på nogen, som ikke er en kat)

are you there out there, you
spirit, you gender, you telescope
seeing what there is to see,
and what simply is, you flesh,
you conspecific, language-equipped,
dream-visited, from laughter
destroyed and remade,
you yet-living, of weather
bitten, though yourself biting,
somewhere you certainly must be

(calling on someone who's not a cat)

det levendes verden er en slags frekvens i universet,
en ganske smal bølgelængde, uden for hvilken
vores nerveradio ikke modtager noget,
sende kan vi heller ikke noget,
stationen klapper sammen
efter nogle år med
kærlighed,
resten
er is

(hvid støj)

the world of the living is a kind of frequency in the universe,
an extremely narrow waveband, outside of which
our nerve-radio doesn't receive anything,
nor can we send anything,
the station shuts down
after some years of
lovingness,
the rest
is ice

(white noise)

tiden skal stå stille når jeg taler til den

time should stand still when I’m addressing it

jeg har lagt mærke til, at det
er ganske ligegyldigt, om man
skriver eller ikke skriver noget
eller ikke noget, medmindre
det skrevnes mening hidrører
fra en bankkonto eller fra en
dommerkendelse, thi da kan
det nok være, at skriften får ben
at gå på, sprinte og spurte, med
meningen i hælene eller lommen

(henholdsvis)

I have noticed that it
really doesn't matter
if one writes something
or nothing, unless the
meaning comes from
a bank account or a
court order, then you can bet
the writing gets legs
to walk on, sprint and spurt,
meaning on its heels or in its pocket

(respectively)

hvordan man holder sig gående, er et godt
spørgsmål, meget litterært og alligevel råt,
for det er koldt derude og helt derude og
herinde og helt herinde

(minimal vintersalme)

how one keeps oneself going is a good
question, quite literary and nevertheless crass,
because it's cold out there and far out there and
in here and all the way in here

(minimal winter hymn)

en død mand sidder over for mig
med øjnene åbne, og solen går ned,
det blodige lys rammer mit ansigt,
jeg kan til sidst ikke se noget som
helst, og det kan han heller ikke

a dead man sits across from me
eyes open, and the sun goes down,
the blood-red light hits my face,
until finally I can't see anything
at all, and neither can he

FRA NEGATIONER 2007

FROM NEGATIONS 2007

studiet af livstegn omfatter: et udmattet
smil, der klæber til et spejl, en farveløs
frakke på en knage, et tørklæde, typisk
glemt på en stol, lyden af skridt fra en
måske lovlig beruset overbo, et åbent
vindue, som blæsten bevæger, kort sagt
befinder vi os på et beboet sted, kan slå
os ned, glemme videre, hvor nogen slap

a study of the signs of life would include:
an exhausted smile stuck to the mirror, a
colorless coat on a peg, a scarf typically
forgotten on a chair, the sound of footsteps
from a possibly solidly intoxicated upstairs
neighbor, an open window shaken by the wind,
in brief we've come to a lived-in place, can settle
in, continue forgetting where someone has left off

hvad drømmer jeg mon, rækker af ansigter, som også er
bogstaver eller bygninger, et samleje er en reklame for
hårspray og en ordbog er et tandlægebesøg i øsende regn,
der vinkes meget farvel og goddag, scrolles op og ned
i tilværelsens tid, pludselig står månen stille støbt ind i en
alt for hvid sky, blændende, synæstetisk, et forbløffet råb

what am I dreaming I wonder, a row of faces, which are also
letters or buildings, sex is an ad for hairspray, and a dictionary
is a visit to the dentist in pouring rain, much waving of hello
and goodbye, scrolling up and down in existential
time, suddenly the moon stands out cast inside an all-
too-white cloud, dazzling, synesthetic, an astonished cry

en vild kat rev min hånd i stykker i går,
i dag svulmer den op og ligner ikke min,
men min fars, da han var død, lige så
glat og forkert, og man er nødt til at se
på sin venstre hånd en gang imellem

(la mano sinistra)

a wild cat tore my hand to pieces yesterday,
today it swells up and doesn't look like mine,
but my father's when he was dead, just as
smooth and wrong, and one is obliged
to look at one's own left hand once in a while

(la mano sinistra)

er disse hænder og hele denne krop da
virkelig mine, eller er jeg snarere en konge,
klædt i purpur, mit hoved er jo af ler,
jeg er helt gennem gjort af græskar
og af glas, some visse vanvittige folk,
her sidder jeg med papiret i hånden
ved ilden, iført tungt og vådt vintertøj,
medmindre jeg ligger nøgen i min seng,
og dette hoved, der endnu ikke er faldet i søvn,
allerede er vågnet, idet jeg stadig drømmer

(descartes i praksis)

are these hands and this whole body then
really mine, or am I more of a king clad
in purple, my head in fact is clay, I am
composed of pumpkin and plateglass
like certain insane people, here I sit with
a paper in my hand beside the fire, dressed
in heavy and wet winter clothes, unless
I'm lying naked in my bed, and this head
that still hasn't fallen asleep is already
awake while I keep dreaming

(descartes in practice)

han vågner og skal være sig igen,
ingen vej udenom, hele biografien
ligger klar sammen med bukser og
skjorte, han barberer sig, kun sig,
og nedsvælger et krus af den sorte
andethed, kaster sig på sin sorte
cykel og når ind til de andre, inden
nogen begynder at undre sig over
hans fravær, hvorimod ingen undrer
sig over hans nærvær, dét siger sig

(selv)

he wakes up and has to be his self again,
no way around it, his whole biography
waits there with shirt and pants, he shaves
himself, but only himself, and swallows
a cup of black otherness, throws himself
onto his black bicycle and merges in with
the others before anyone begins to wonder
about his absence, whereas no one wonders
about his presence, the latter being self-

(evident)

det levende lever, og vi, vi hænger på
som tyndere øl, det tykke er rigtig spil-
levende, det spræller ud til begge sider,
skummet ejakulerer med pondus, med
vildskab og overbevisning, men uden
dybere omtanke, dets ringe alder bør
huskes, og dog, det tyndere tænker ikke
tættere tanker, det sukker bare og sænker
hovedet som en alt for såret tyr, der ved,
at den snart vil hænge og dryppe fra spid

the living live, and we, we hang
on like thinner beer, the stout is brim-
ful of life, it washes over the sides, foam
ejaculating with force, with wildness
and commitment, but without very much
thought, consider though its youth and in-
experience, and the thinner doesn't think
any denser thoughts, it just sighs and lowers
its head like a far too wounded bull that knows
it will soon hang and drip from a spit

FRA URT OG BUSK 2006

FROM HERB AND BUSH 2006

sodet natteloft med femten småstjerner
sømmet op i det sorte låg, hvorom Baudelaire
havde meget at sige, men lad det nu ligge—
menneskene knirker ligeledes og pusler
med skodder og spande, dunede stemmer
og uophørlige skridt over sovende gulve,
tåget lys fra dalens beboede pletter, så
den rullende bølge af tavshed før dagen,
før den tilbageholdte bevidsthed genopstår
i morgenhvidens vingede småhjerner

(foix)

sooty night sky with fifteen small stars tacked
up in the black lid, about which Baudelaire
had much to say, but forget that for now—
people creak around carelessly and fiddle
with their shutters and buckets, hushed voices
and endless trips across the sleeping floors,
dim lights from the inhabited spots in the valley,
then the rolling wave of silence before the day,
before suppressed consciousness rises again in the
tiny-brained winged creatures of the eggwhite morning

(foix)

vindstille i den sorte dal, en hund glammer
og tier så måske for at opfange svar, også vi
tier helst for at lytte, nattens fugle løfter en
vinge og forlader en gren, ellers ingenting
af betydning, jeg sidder og skriver i mørket
om mørket og dets organiske klang, et barn
græder fjernt, alt er fjernt nu, undtagen de
neuronfattige insekter, som tiltrækkes af
skrift og af kroppes sødt syrlige bitterhed,
også øjnene drømmer de om at danse på

(foix)

complete calm in the black valley, a dog barks
and quiets down maybe to catch the reply, we too
grow quiet preferring to listen, the night's birds
lift a wing and fly from a branch, otherwise
nothing of consequence, I sit here and write in
the dark about the dark and its organic sounds, a
child cries far off, everything is far off for now
except the neuron-challenged insects attracted to
writing and the sweet-sour bitterness of bodies,
including the eyes on which they dream of dancing

(foix)

efter dagens indtagelse af blodigt lasede fugle
døser kattene med højst et enkelt øje vågende
over skumring og puslende civilisation, livets
såkaldte mening finder sted hver aften, mens
solsystemet skramler med planeterne, og folk
heromkring saver brænde, græder over spildt
mælk og kærlighed, ærgrer sig ihjel eller bare
spiller skak i garagen, mens mørket fryser til

after the day's fill of bloodied and battered birds
the cats doze with at most a single eye open
to the dusk and puttering civilization, life's
so-called meaning coming up every night while
the solar system rattles along with its planets, and
people around here cut firewood, cry over spilled
milk and love, annoy themselves to death or just play
chess in the garage while the darkness freezes over

solen går ned der langt ude over ballerup
og himlen er svinagtigt fotogen fra herlev
til værløse så lad hverdagsliv være hver
dags liv og lad os lade det ske med pragt
og bare en smule pomp det behøver ikke
altid være klædt ud som døden fra lübeck

the sun goes down way out there over ballerup
and the sky is wildly photogenic from herlev
to værløse so let everyday life be the life of
every day and let us let it happen with splendor
and just a little pomp that doesn't always need
to dress up like the living dead from lübeck

den krigsførende politiker havde pludselig en teori: jo mere man slås i det ene land, jo fredeligere bliver der i det andet land, det er sådan en slags elektricitet: de såre onde tiltrækkes ved den ene pol og suges dermed væk fra den modsatte pol, men tænk, hvad der så ville ske, hvis freden skulle indtræffe, ja se da var fanden løs

the warmongering politician suddenly had a theory:
the more people you kill in one country, the more
peaceful it becomes in the other, it works something
like electricity: the great evil ones are attracted to
the one pole and so pull away from the opposite
pole, but think what would happen if peace
should break out, then we'd all have hell to pay

nu nærmer sig sandhedens sekund, skalpel,
tiden for vinken den ene vej eller den anden:
skal du ind eller ud, stå ikke der i åbningen,
værens lysning og mørkning, og smil så bredt

now comes near the second of truth, its scalpel,
time to be waved in one direction or the other:
are you coming in or going out, don't just stand
there in the doorway between the light and dark
of being with that fat smile on your face

jeg står bag et gardin og venter på livets mening,
snart, snart, snart skal den liste sig ud af sit skjul og
se sig omkring med missende øjne i det sneklare daggry
i stuen, værens lysning og radioavis med vejrmelding,
i øst breder en politisk filosofi sig bag træer og buske,
mens teologerne næbbes om mine mejsebolde, sol-
daterne derimod snorker til himlen over værløse fra
deres gamle tunge lastfly, de bliver måske ikke ældre,
jeg mener, de folk, der skal møde dem, og de skal møde,
enten de første eller disse sidste, bliver nok ikke ældre

I stand behind a curtain waiting for the meaning of life, soon,
soon, soon it will creep out of its hiding place and look around
blinking its eyes in the snowbright daybreak of the living room,
the clearing of being with a weather forecast on radio news,
in the east a political philosophy spreads behind trees and bushes,
while theologians stab their beaks into my birdseed bell, sol-
diers meanwhile snore to the skies in their heavy old cargo planes
flying over værløse, perhaps they won't grow any older,
I mean the people that will meet them and that they will meet,
either the former or the latter may not be growing any older

et udtryk er herreløst for et øjeblik, og vinden tager fat i det, lader det blæse op i et ansigt som en avis, og da betyder det ikke hvad det engang gjorde, nu betyder det det pågældende vindstød og også øjeblikkets herreløshed: „skriften" i udtrykket er dets vægt

a phrase goes stray for a moment, and the wind picks it up,
lets it blow into a face like a newspaper, and then it doesn't mean
what it used to mean, now it means the aforementioned gust of wind
and also the strayness of the moment: the "writing" of the phrase
is its weight

døden dukker op i døren og stirrer
som en allegori på min skjorte eller
er det mit hjerte, stift, vedvarende,
stemmen er min elskedes, det er en
usmagelig uvane døden har, og en
åbenbart stor kilde til dens morskab
ved jobbet, idet den henvender sig
til mig med efterlignet jovialitet, nej
kærlighed og grådkvalt ømhed, nej
hengivenhed, nej jeg ved ikke, hvad
det er, for at sige, hvordan det er fat
lige nu med hin stemmes indehaver

(at jeg ved det)

death shows up at the door and stares
like an allegory at my shirt or
is it my heart, stiffly, calmly,
the voice is my lover's, it is a
tasteless habit death has and an
obvious source of its amusement
with its job as it turns itself
towards me with feigned joviality, no,
love and tear-choked tenderness, no,
affection, no I don't know what
it is, only to tell me how it is
right now with the owner of that voice

(just to let me know)

vand. elektricitet. blod til hospitalerne. kød tænker langsomt. de læser at de eksisterer. det undrer dem men hjælper dem ikke. dødt lys over dem. de forsøger udmattet at voldtage hinanden

water. electricity. blood for the hospitals. flesh thinks slowly. they read that they exist. it surprises them but doesn't help. dead light over them. they try exhaustedly to rape each other

hvad bør træer og buske bidrage med
i betragtning af verdens indretning og
tilstand, må man spørge, men svare må
man vel engang også og sige, at buskene
og træerne allerede tilfører diskussionen
meget værdifulde perspektiver, idet deres
bifurkationer peger mod almene problemer
vedrørende eksistensen, f. eks. at når sneen
bøjer grenene så tungt mod jorden, skyldes
det tvejningen: tvivlen tynger—simpelthen

what do trees and bushes have to offer
considering the whole scheme of things,
one might ask, but one might well answer
that bushes and trees already bring to the
discussion some quite valuable perspectives
since their bifurcations point toward common
problems concerning existence, for instance
that when the snow bends the branches to the
ground so heavily, it is due to their branching:
the double-mindedness weighs on them, simply

fodsporet i sneen overlevede ikke sneen
og kysset osv. som ville overleve os selv
spræller i en ulige kamp mod materien
en sølvfisk i badeværelset under en fod
oplever noget tilsvarende kun marksten
under sneen oplever ikke noget ganske
tilsvarende for de oplever slet ingenting

the footprint in the snow didn't survive the snow
and the kiss etc. that wanted to survive us
squirms in an unequal match against matter
a silverfish in the bathroom underneath a foot
experiences something similar only the field stones
underneath the snow experience nothing quite
similar for they do not experience anything at all

man brænder et stearinlys i begge ender,
idet man holder det vandret, derefter lodret,
da brænder man sig, og idet man taber lyset
på gulvet, taber man lyset på gulvet, om jeg
så må sige, det bliver mørkt, du gamle fugl,
men man brænder sig ikke længere, det er
noget andet, der forgår: slukning

(consumptus est)

you burn a candle at both ends, holding it
horizontally, then vertically, then you burn
yourself, and now you've gotten burned
so to speak, because you lose the candle
on the floor and it grows dark, old bird,
but you're not burning yourself any more,
instead something else is happening: extinction

(consumptus est)

i dag var lyset bevidtløst og dog stærkt,
buskene stank af urin og træerne af tjære,
alt sammen udmærket, i nat hugger jeg
køllerne i min mentale vibrafon og frem
toner ach du lieber augustin ach, at alles
ist weg, og sneglene glider i deres mange
retninger, drømmende om rabarber, men
himlen over værløse er tung af militærfly,
som i morgen skal hælde blod ud i visse
lande, lige nu knurrer de af udlængsel og
vokseværk, også buskene vokser og lister
omkring i mørket for til sidst at nærme sig
med deres generte forsommerskud og hele
pubertære uligevægt, så slukker månen brat

(godnat)

today the light was unconscious yet strong,
the bushes reeked of urine and the trees of tar,
all of which is just fine, tonight I tap on the bars
of my mental vibraphone, and out comes *ach*
du lieber augustin ach, that *alles ist weg*, and
the snails slither in several directions dreaming
of rhubarb, but the sky over værløse is pregnant
with military planes that tomorrow will spill blood
in certain countries, at the moment they rumble
with *wanderlust* and pains of growing, even the
bushes stretch and grope around in the darkness
wanting to come closer with their bashful
shoots of early summer and general pubescent
gangliness, then suddenly the moon is shut off

(goodnight)

jeg skrev engang, at tidens rene flyden er lys,
at fotodråber regner gennem intet og slår tider
af klipperne, og deres skygger, som er steder,
hvor ånderne, tankerne, eller hvad vi ellers
tillader os at kalde dem, de usynlige, som rejser
sammen med os, søger tilflugt, når nøden
raser for stærkt også for dem; gennemblødte
af voldens strømme søger de stederne, deres
mørke, der sænker en nådig vinge og kalder
væren tilbage til sig selv, til billedernes hule

(kontraplatonisk fotosofi)

I once wrote that time's pure flow is made of light,
that photons rain down through nothing and break
off ages from the cliffs, and that their shadows are
places where the spirits, the thoughts, or whatever
we like to call them, the invisible creatures who
travel along with us, seek refuge, when misery
rages too strongly even for them; soaked with
the currents of violence they seek these places, their
darkness, which will drop a merciful wing and call
being back to itself, to the cave of pictures

(counter-platonic photosophy)

endnu lader jeg mig forvandle til en mental plukfisk
mindst en gang om dagen, kun øjnene er intakte og
en sjælden gang også ørerne, resten er dyrefoder; hvor
længe metamorfosen vil fortsætte, vel, det afhænger af
menneskelig hengivenheds groteske skikkelse og af
sådannes groteske magt over befolkningen i form af
mig og mine sanser (ca. syv); men hvor dyb denne gro-
teske grotte viser sig at være, og hvad der gemmer sig
i dens bund, vil åndens speleologer sikkert næppe
nogensinde ænse, og jeg, dernede, vil kun kunne

(vinke til skyggerne)

at least once a day I still let myself change into mental
minced meat, only my eyes intact, occasionally my ears,
the rest of me is fodder for animals; how long this
metamorphosis lasts, well, that depends on the grotesque
forms of human affections and on their grotesque
power over the population in the form of me and my
senses (approx. seven); but how deep that gro-
tesque grotto turns out to be, and what it hides
in its depths, the spelunkers of the spirit will hardly
ever establish and I, down there, will only just

(greet the shadows)

nyere abeforskning har godtgjort,
at unge hanner gennemgår en krise
i deres åndelige modning, idet nogle
opnår anerkendelse fra flokkens
hunners side efter nogen tids skryden
og blæren sig—disse hanner skifter
holdning og ansigtsudtryk i retning
af en erfaren statsmand med lettere
foragt for andres tarv og tilstand, med
andre ord: autoritet og verdenstræthed,
noget de pågældende hunner påskønner
og applauderer med deres køn; mens de
øvrige hanner bevarer deres barnagtige
udtryk og fremtoning—disse ungkarle
bringer herefter hunnerne deres erotiske
opvartning, hver gang den oppustede nar
og gnavpot, som fruerne så at sige er gift med,
er optaget af andre narre og verdensproblemer;
således får damerne, hvad de ønsker, mens
det politiske samfund får sig en ordentlig lov

(så alle er glade)

current ape research has established that
young males undergo a crisis in their spiritual
maturation, whereby some achieve recognition
from the females of the group after a period of
bragging and windbagging about themselves—
these males adjust their comportment and their
facial expressions along the lines of learned statesmen
with a slight contempt for the care and concerns
of others, in other words: authority and world-weariness,
something the females in question appreciate and
applaud with their sex; while the remaining males
keep their childish expressions and appearances—
these bachelors later provide females their erotic
service whenever the pompous fools and grumblers,
which let us say the ladies have married,
are busy with other fools and world affairs;
thus the ladies get what they want, while
the political society gets itself an orderly law

(so all are happy)

en ret linje, en retlinet labyrint, måske en livslinje,
herfra til det sidste suk og tilbage via zenons argument,
først halvvejen fremad, så halvvejen af halvvejen, snart er du
i nærheden af dig selv og af den nærmeste tid såsom lige om lidt
eller til sidst næsten nu, hvor du måske står i den løse nysne og
ikke flytter en fod, heller ikke en halv, eventuelt bare
en halvt frossen tå

a straight line, a straight-lined layrinth, maybe a lifeline
from here to the last breath and back by way of zeno's argument,
first halfway forward, then half of halfway, and soon you're in
the neighborhood of yourself and the nearest time, call it
a moment from now, then almost right now, where you stand
in powdery snow, not moving a foot, not even half a foot, just
a half-frozen toe

alt er sandt: jeg ser en hest med vinger, derfor hævder jeg, at en hest har vinger, og det tror jeg på, lige indtil jeg ser en hest uden vinger, derefter hævder jeg, at en hest enten har vinger eller ikke har vinger

(alt er sandt)

everything is true: I see a horse with wings, so I claim that
a horse has wings, and go on believing that until I see a horse
without wings, at which point I claim that a horse either has wings
or does not have wings

(everything is true)

FRA TÆNDSTIKHOVEDER 2004

FROM MATCH HEADS 2004

her sank hendes hoved til bæltehøjde
og indledte en ejendommelig vuggen
ledsaget af utydelige strubelyde som svar
på andre strubelyde og en oktav senere
blev mælkegrå en lykkegrå dags farve

here her head dropped waist high
and began an odd rocking along
with unclear throat noises that answered
other throat noises and an octave later
a happy-gray day just turned milky-gray

han rystede hverken på hånden eller på hovedet,
alt afhænger af konteksten, og hendes ben var nu
denne umiddelbare kontekst, og alt afhang af dem,
også tungemålet, som er en meget mærkelig muskel

(litotisk-erotisk)

his hands didn't have the shakes, nor his head,
everything depends on the context, and her legs were
the immediate context, and everything depended on them,
even the tongue, which is a very odd muscle

(ero-litotic)

sprog var først sang, ligesom
norsk og nyhedsoplæsning,
og at læse er endnu at synge,
hvornår begyndte talen mon
at gnægge, som om den ikke
læste sig selv? sikkert da den
holdt op med at synge, og de
evige ikke længere gad lytte
til folks lavmælte dodstrusler,
den evindelige pinlige hvæsen

(sotto voce)

language was first song, similar
to norwegian and the newscast
and to read is still to sing,
when did speech begin to grate
as if it didn't read itself? surely when
it stopped singing, and the gods
no longer cared to listen to
people's murmured death threats,
the perpetual embarrassing wheezing

(sotto voce)

han mødte hende, hun mødte ham, og de
hilste godt på hinanden, indtil tøjet faldt af,
øjnene lukkedes, tungerne talte i tunger
med ånder og andre organer, som stod op
og ville dø, mens de levede, og deres
hænder flettedes, mens hjernerne skreg
af en altid ukendt ting, hvis væsen var
forsættelse for altid, indtil altid selv kom,
og bevidsthederne blev store runde skiver
af lys, som var det tavseste mørke

(elsk-hugr)

he met her, and she met him, and they
greeted each other well, until their clothes
fell off, eyes closed, tongues talked in tongues
with spirits and other organs that stood up
and wished to die while they were alive, and
their hands intertwined while the brains screamed
about a forever unknown thing, whose essence was
to be continued always until always itself came,
and the consciousnesses became large round slices
of light, which was the most silent darkness

(what love is)

så tørt så tørt men endnu ømt
betragter den ene elskede den
anden elskede—tiden er inde
hvor tiden er ude min ven du
kom du så og du sejrede ikke
og jeg kom ikke og jeg så ikke
og jeg sejrede heller ikke og nu
er det nok min ven nu gik jeg

in ways so dry so dry but still tender
the one lover regards the other
lover—the time is in where
the time is out my friend you
came you saw you conquered not
and I came not and I saw not
and I conquered not either and now
it is enough my friend now I left

antares hængende lavt og rød som en baglygte,
koklokker og svævende sange, lette natteskyer,
skorpionen, der strækker sig i billedrig søvn,
insekter svirrende mellem mørkets kulisser,
verdens teater tomt og besat af himmeldyr

antares hanging low and red like a tail-light,
cowbells and songs floating, wispy nightclouds,
scorpius stretching itself in image-rich sleep,
insects buzzing among the dark's set stage,
the world's theater empty and filled with sky-beings

han spændte dynamitten om sig,
knappede bukserne og gik ind
i den fjendtlige folkemængde,
lykkeligt tænkende „nærmere
gud til dig", meget nærmere

he strapped the dynamite to himself,
buttoned his pants, and walked in
among the crowd of enemies,
thinking happily, "closer
my god to thee," much closer

hvorfor begyndte menneskene
at gå oprejst? for at opnå giraffens
fordel, men hvorfor gik de stadig
mere oprejst, indtil de til sidst
gik så oprejst, at de kunne danse
og ikke kunne gå uprejst uden
at danse eller tælle eller tænke,
jo, den nyeste forskning har vist,
at det skyldes erotikken: dels var
hunnerne flottest på den måde,
ingen tvivl om det, dels kunne
hannerne bære gaver til de skønne
mellem forbenene, mens de gik,
eller snarere kom, og hunnerne
holdt op med at omgås folk, der
ikke kom med gaver, den slags
fik næsten ingen børn, staklerne
måtte kravle en usikker fremtid
i møde, forladt af civilisationen

why did humans begin to walk upright?
in order to gain the advantage of the giraffe,
but why did they walk still
more upright, until they finally
walked so upright that they could dance
and couldn't walk upright without
dancing or counting or thinking,
well, the most recent studies have shown
that it's due to the erotic: partly
females looked best that way,
no doubt about it, partly the males
could use their forelegs to carry
gifts to the beautiful while walking
or even running, and the females
stopped mixing with the ones who
didn't bring gifts, that kind
got hardly any children, the poor things
had to crawl toward an uncertain future
deserted by civilization

der er kun tre guder, og de er alle den eneste: deres navne er jehova, allah, og gud, men det ved de ikke, den som er den han er og er den eneste der er det hedder ikke noget, kun i drømme er han flere; om morgenen råber han til sig selv: jeg er den eneste, når de støder på hinanden i den trange himmel, indser de hver for sig, at de to andre er deres spejlbilleder eller skygger; jeg er den eneste, råber de igen i munden på hinanden, og hver stemme har to ekkoer, men når de er alene, siger de ingenting, da sidder de på en stol i et himmelkammers halvmørke og stirrer tavst på en lille blå kugle, der ligger på bordet, den ligger på tre borde, men det er den samme kugle, og den har kun ét navn, den er min, tænker hver gud, min alene, der er kun os, nu og da lader han langsomt hånden glide ud af ærmet på sin tidløse kjortel, og han kærtegner sin kugle, han har et stort hjerte, vi er kun os, kun os, tænker han, men idet han rører den, bliver den sort, hvad er det? tænker han med ét forskrækket, hvem har rørt dig? har nogen rørt og forbandet dig? er du syg? jeg må kurere min kugle og rense den og velsigne den, tænker han, strækker langsomt hånden frem af ærmet på sin tidløse kjortel og rører den for at velsigne den lidt, men idet han velsigner den, bliver den sortere, han bliver med ét forskrækket, strækker langsomt hånden frem fra sin tidløse kjortel,

there are only three gods, and they are all the only one:
their names are jehova, allah, and god, but they don't know that,
he who is who he is and is the only one who is the only one
has no name, only in dreams is he plural; in the morning
he shouts to himself: I'm the only one, when they run into
each other in their crowded heaven, they each realize that
the other two are their reflection or shadow, I am the only one,
they shout again at each other, and each voice has two echoes,
but when they are alone, they say nothing, then they sit on a
stool in a half-dark heavenly chamber and stare in silence at
a tiny blue marble lying on a table, it lies on three tables,
but it is the same marble, and it has only one name, it is mine,
thinks each god, mine alone, there's only us, now and then
he lets his hand slide slowly out of the sleeve of his ageless coat,
and he caresses his marble, he has a big heart, we are just us,
just us, he thinks, but as soon as he touches it, it turns black,
what is it, he thinks with a fright, who has touched you? has
someone touched and cursed you? are you sick? I must heal
my marble and cleanse it and bless it, he thinks, slowly stretching
a hand from the sleeve of his ageless coat and touching it to bless it
a little, but as soon as he touches it, it turns blacker, he hesitates
and hesitatingly reaches his hand from his ageless coat, blesses it,

velsigner, den sortner endu mere, satans, hvisler han så, mens han lukker øjnene, men næste dag er den blå som før, efter et bad i nattens blå, og det hænder, skønt sjældent, at ingen kærtegner den

(guds kugle)

it turns even blacker still, oh, hell, he shrieks, and closes his eyes,
but the next day it is blue again, after its bath in the night's blue,
and it happens, though seldom, that no one comes to caress it

(god's marble)

jeg har syndet, jeg har cyklet med åben mund
på grund af momentan munterhed, mens dagen gik
på hæld, gennem hele palmealleen, og en flue kom
mig i møde, i munden, da spyttede jeg tankeløst,
men var ikke den eneste cyklist i palmealleen

(stanford)

I have sinned, I have gone biking with my mouth open
out of momentary merriment, while the day waned,
all the way down palm drive, and a fly came to meet me,
in my mouth, so without a thought I spat it out,
but was not the only cyclist on palm drive

(stanford)

jeg traf en mand, der var stærkt religiøs, han troede
på zoroaster, en slag profet, der samlede guderne
til én, dvs. to, engang for mere end tre tusind år siden,
denne ene gud skulle rense, ordne, sejre og ikke
mindst afskaffe døden, indført af fjenden, kaos,
en gud ved navn skidt og møg, som ødelægger alt,
men engang skal bide i det sure græs, og de skal alle
hans hjælper ligeledes, mens du, min ven, sagde z
til ham, skal blive evig—jeg tænkte derved mamma mia
hvis jeg opfører mig ordentligt bliver jeg sgu pålagt et
Evigt Liv, men han så rimeligt glad ud, som en mand,
der forsøger at bagatellisere en uhelbredelig sygdom

I met a man who was deeply religious, he believed
in zoroaster, a sort of prophet who gathered the gods
into one, i.e. two, once upon a time more than three
thousand years ago, the one god to cleanse, order, rule,
and not least of all do away with death, introduced by
the enemy, chaos, a god by the name of trash and filth,
wrecker of everything, but who shall one day bite
the bitter dust, along with all his helpers, while you,
my friend, said z to him, shall be eternal—at that
I thought, mamma mia if I behave myself I'll have
Eternal Life dumped on me, but he looked reasonably happy,
like a man who tries to make light of an incurable disease

hjernen er ikke dualist og da slet ikke monist, der er fire ting
i verden, synes den, og det er: tegn, vi kan gøre; genstande,
kan gøre noget ved eller blive berørt af; tænker der falder os ind,
idet de falder ind i os; og endelig sange, herunder sprog og gråd

the mind isn't a dualist and definitely not a monist, there are four things
in the world, according to it, and they are: signs we can make; objects we
can do something with or be touched by; thoughts that occur to us
in that they fall into us; and finally songs, including speech and weeping

jeg er lige ved at tro at billederne og de andre
mærkelige indridsninger vi udstyrer verden med
faktisk er forudsætningen for at vi kan føle noget
som helst i forbindelse med det der foregår
selv nu mens døden danser og ørkenens busk
står i lysere lue end noget bibelsk boretårn

(22. marts 03)

I'm about ready to believe that paintings and the other
strange scratchings we decorate the world with
are in fact the preconditions we need to feel
anything at all in connection with what goes on
even now while death dances and a desert bush
stands in brighter flame than any biblical derrick

(march 22, 2003)

månen er en amerikansk politiker,
en smule forædt og dybt religiøs,
den lyser sin forbandelse over træer
og tage i natten, som gråner, mens
mørket længes efter sine stjerner

the moon is an american politician,
slightly overfed and deeply religious,
it shines its curse over the trees and
rooftops, while the night turns gray
and the darkness longs for its stars

hun elsker den ene og den anden
og et ansigt glider over et ansigt
når alt kommer til alt og står i lys
lue og den som nu er et og alt er alt

she may love one and love another
and one face slide over the other face
at the end of the day when the fire rages
and the one who now is one and all is all

han elsker og elsker med en person
og verbet er åbenbart både transitivt
og intransitivt mens substantiverne
kysser hinanden på munden og på
kønnet og navneordet i tidens fylde

he loves and makes love with a person
and apparently the verb is both transitive
and intransitive while the substantives
kiss each other on the mouth and on
the gender and on the name in the perfect tense

ingen kunst efter anden verdenskrig!
heller ingen efter første! efter tredje
absolut ingen, for da er der for helvede
ingen kunstnere i nærheden af denne
planet og parat til at begynde forfra

no art after the second world war!
nor any after the first! after the third
absolutely none, because there won't be
any damned artists anywhere around
the planet and ready to start all over again

kærligheden må have skabt sproget, det er helt
oplagt, dén måtte fantasere mod bedre vidende
og vide alt og fortælle det meste, og give ordrer
og blive ligeglad og kun sig selv, måtte forestille
sig hvad der følger af hvad, og hvad af hvem, og
afgøre hvordan det overhovedet føles at være her

(udsigelsens subjekt)

love must have created language, that is entirely
obvious, it had to fantasize in bad faith and know
everything and tell most of it, and give orders
and be indifferent and just itself, had to imagine
what comes of what, and what of whom, and
decide what it feels like to be here at all

(the subject of enunciation)

alt er nødvendigt, vognens pukterede dæk,
blæsten, det tilfældige møde i bagerbutikken,
den uventede aflysning, lyset fra et vindue i en
sky: det fejer over græsset, som min finger gør
over din hud, et nødvendigt kærtegn er dog et
mærkeligt udtryk, måske er alt alligevel ikke
skrevet i det uomgængeliges store slidte bog

everything is necessary, the car's flat tire,
the wind, the chance meeting in the bakery,
the unexpected cancellation, the light through
a hole in a cloud: it sweeps over the lawn the
way my finger does over your skin, a necessary
caress is though an odd expression, maybe everything
isn't written in the big worn book of the unavoidable

(after all)

mælkebøtter, brændenælder, buskads, morads,
skovsnegle, haglbyger, og ellers grågrøn regn,
ellers længsler, stængler, rykket op med rode,
ind i krattet med dem, hvor alt gror eller dør,
uden forskel, det levende modsiger sig selv

dandelions, nettles, scrub, bog, slugs, hailstorms
or else gray-green rain, or else needs, weeds
torn out by the roots, into the thickets with them,
where everything grows or dies, indifferently,
the living is set against itself

jeg lykønsker dit hår med ikke længere
at befinde sig på et så tåbeligt hoved

(diogenes' morgenhilsen til skaldet kollega)

I congratulate your hair for no longer
finding itself on such a foolish head

(diogenes' morning greeting to a bald colleague)

jeg elsker dig og jeg længes meget efter dig
og jeg sidder her under himlen og derfor
er jeg et levende spøgelse og det er nat og
derfor er synerne i sortheden budbringere
og stjernestrøelsen er klar tekst sendt
fra et fjernt sted et åndebræt borte

I love you and I long so much for you
and I am sitting here under the sky and so
I am a living ghost and it is night and
so the visions in the blackness are messengers
and the scattering of stars is a clear text sent
from a distant place one breath away

gambemusikken saver brænde i hjertet
og stemmernes ru klinger krydses som
rivalernes bitre digte over damens grav
efter midnat med ugler og flagermus—
hvor er sneen der faldt og hvor er den
sperm der faldt i fjor eller var det tårer
og hvor er tungen i den lyttendes øre?

the viola da gamba saws wood in the heart
and the voices' gravelly blades cross like
the rivals' bitter poems over the lady's grave
after midnight with owls and bats—
where is the snow that fell and where is the
sperm that fell last year or were they tears
and where is the tongue in the listener's ear?

blikke hvorfra ingen
kommer tilbage når de slukkes efter nogen tids lysen

gazes from which no one
returns once they go out after some time of radiance

tændstikker i små kister med hoveder af svovl,
jeg tilspørger jer: hvad venter i på, og hvad kan
formålet med dyr som jer være?—vi er lysfostre
og venter på at blive født, vi tænker med svovl
og har end ikke tid til morsomheder, når vi først
kommer i gang, er det bare om at få konkluderet

o match sticks with sulfur heads in small coffins,
I ask you: what are you waiting for and what can
your purpose be?—we are embryos of light
and wait to be born, we think with sulfur
and have no time for pleasantries, once we
get going you'd better reach a conclusion fast

en kvinde satte sig på en eller anden mand i
biografen, mens reklamerne funklede pornisk
afsted over det urørlige og hellige lærred, som
efterhånden drev af helligånd og brunst, men
hun drev på lignende måde, såvidt jeg kunne
og måtte høre og se, og han tog meget venligt
del i begivenheden, fra sin stol, med dobbelt
udsigt; da jog et krus skoldhed starbuck kaffe
gennem rummet som missil mod de to af lyst
beherskede fra en tredje af ulyst bevæget kone

(une malbaisée)

a woman seated herself on some guy's lap in
the movie theater, while the ads flashed pornically
over the untouchable and sacred screen, which
was still more soaked with holy ghost and heat, but
she evolved in a similar way, as far as I could
and might see and hear, and he took an amiable
part in the goings on, from his seat, with twice
the view; then a scalding cup of starbucks coffee shot
through the air like a missile toward the two by pleasure
moved, from a third party, a by-unpleasure-spurred dame

(une malbaisée)

når folk elsker gud og hinanden, er det
lettere for dem at kappe hovedet af folk,
der er som om elskeriet og dræberiet let
følges ad i privaten som i verden, det er
som om en kærlighedsramt person endda
ligefrem beder omverdenen om at hjælpe
sig af med sit eller andres hoved, gid man
kunne opnå et mer afslappet forhold til
de udødelige, det ville frembringe et til-
svarende blandt dødelige hoveder

(tændstikhoveder)

when people love god and one another it is
easier for them to chop people's heads off,
it's as if the loving and the killing easily
get in sync, in private as in public, it is
as if a lovestruck person even asks in perfect
plainness for help from the outside world
to have his own or another's head removed,
I wish we could have a more relaxed relationship
towards the immortals, maybe it would re-
verse our relations with mortal heads

(match heads)

ifølge det nudanske sprogs ministeriums dekret
hedder olietyveri herefter demokratisering, mens
religionskrig derimod nu hedder demokratisering,
og systematisk intolerance endelig nu bare hedder
demokrati, men der meldes til gengæld intet om,
hvad demokrati så nu hedder på bemeldte sprog

according to an official decree from the danish ministry of language, oil thievery will now be called democratization, while religious war correspondingly will be called democratization, and finally, systematic intolerance will simply be called democracy, there has been however no mention concerning what democracy will now be called in the aforementioned language

tingene og forestillingerne om dem er det samme,
sagde den gale, tanker er guds udgave af tingene,
og når vi derfor tænker, er vi med i gud, eller for
nu at sige det lige ud, vi er gud, især når vi tænker
godt, mens dårlige tanker er gud på en dårlig dag,
mandag for eksempel, så tror han, at urin er vin og
den slags, klog er han ikke rigtig, men over går det,
og at komme til bevidsthed og i tanker om noget er
den rene gudstjeneste, hvorved du betjener dig selv,
ligesom gud kun har sig selv at elske med, arme mand

(spinoza)

things and ideas about things are the same, said the nut,
thoughts are god's version of things, and thus we are
in god when we think, or to come right out with it,
we are god, especially when we think well, while
poor thoughts are god on a bad day, monday for
instance, when he believes urine is wine and that sort
of thing, not too bright is he, but soon overcomes it,
and to reach consciousness and come to think about
something is pure worship, whereby you serve yourself,
just as god has only himself to make love with, poor man

(spinoza)

ja hvad skal man
det har jeg jo altid
lad mig nu for en gangs skyld
hvad er det du
nej sådan har det da aldrig
                    nogensinde

aha
så gør du bare det min ven
    det skal der nok komme noget godt ud af

(telefonisk)

well what do you
that's what I have always
let me just this once
what is it that you
no never ever has it
                    been like

aha
so go right ahead my friend
      certainly some good will come of it

(telephone call)

pludselige vindstød
blæst i telefonens tragt
knækker ørets tanketråde
pludselig intet i nogets sted
derefter intet i intets
så igen dog noget
men ikke det samme

sudden gusts of wind
blown into the receiver
break the ear's link to thought
suddenly nothing in something's place
and then nothing in nothing's
and once again something
but not the same

FRA OM NOGET—OG HVAD DERAF FØLGER 2001

FROM ON SOMETHING—AND WHAT FOLLOWS FROM IT 2001

mine maskiner synger, roterer på hver sit sprog,
forstår dog ikke stort, brændenælden i mit køkken-
vindue er kløgtigere, forsvarer sig, ved hvor lyset er,
løber ad mange stier, prøver sig koreografisk frem,
stikker en arm ned i kaffemaskinen, en arm i opvasken,
en danser fra bali, hun vinker til betonblanderne i min
gård, sommer bliver det, la lutte continue, vent og se,
tiden vil vise, det gør den gerne, måske er vi her endnu

my machines sing, rotate each in its own language,
though they don't understand much, the nettle in my kitchen
window is smarter, it defends itself, knows where the light is,
follows many paths, stretches itself choreographically,
sticks an arm in the coffee maker, another in the dishwasher,
a dancer from bali, she waves to the concrete mixers in my
backyard, summer now comes, *la lutte continue*, wait and see,
time will tell, it does that willingly, maybe we're still here

katten lægger sig fladt i det hvide grus og snuser
til en natsommerfugl, for det er nat, og insekterne roterer
omkring alle hvide ting, som var de lys,
hunde og befordringmidler synger mellem bjergsiderne,
hvor menneskene bor,
vi overlader rummet til tingene og trækker billedtæpper
over øjnene,
natten er tungere end vore legemer, langt koldere
og mere erfaren

the cat spreads itself flat in the white gravel and sniffs
at a moth, for it's night and the insects circle
around all things white, as if they were light,
dogs and vehicles sing between the mountainsides,
where men and women live,
we give up space to things and pull picture-blankets
over our eyes,
the night is heavier than our bodies, far colder
and more experienced

❦

mennesket er en flygtig gæst på jorden,
mente den aztekiske digter, men en gæst
er ikke altid et menneske her på jorden,
på gaden, i et fremmed land, i nogens seng,
mærkelige ting finder sted, et hjerte er et
effektivt våben, og (citat) dø skal vi jo alligevel,
i hinandens vold, favn, med tungen i en krops
øre sydende af lyst eller strakt i et guernica-skrig
efter mødet med et menneske, som kom forbi
og forsvandt eller beslutsomt slog sig ned

man is a temporary guest on the earth,
said the Aztec poet, but a guest isn't
always a man here on the earth, in the street,
in a foreign land, in someone's bed, odd things
take place, a heart is an effective weapon, and
(quote) we'll die anyhow, in each other's power,
embrace, with the tongue in a body's ear boiling
with pleasure or stretched in a Guernica-scream
after meeting another man of mankind who
stopped by and left or decided to settle down

grave, græs, grus, grus, stenene råber
til hinanden og hundene og de andre
personer, som måtte komme tilfældigt
forbi en skønne dag eller nat: goddag,
godnat, her står vi og husker noget,
som I aldrig får at se nogensinde, thi
(stenene holder meget af thi) det er
styrtet i grus, grus, i græs og i grav,
og hvis det skulle rejse sig, siger vi
hvad vi ser, da lægger det sig igen

graves, grass, gravel, gravel, the stones cry out
to each other and the dogs and the other
people who happen to pass by without meaning to
one fine day or night: good morning,
good night, we stand here remembering
what you folks will never get to see, for
(the stones like the word *for*) it is buried
in gravel, gravel, grass, and grave,
and if it happened to rise again, we'll tell
what we see, until it lays itself back down

en spøgelsesagtig tilstand, som i en drøm,
man kan ikke flytte en fod, ikke et komma,
også fingrene er klistret fast til digitalierne,
munden er valen som en metafor stivnet
på et øde fjeld i tyve graders frost, og dog
sidder jeg her ved eksistensbordet ved mine
fulde fem og lyddød nat med alle antenner
sluttet til jordens bankende Hjerter af kød
eller kul, stål og elektricitet, og dog er jeg
støbt ind i glas, det må være vejret eller
noget, jeg har læst, eller spist, eller husket,
der gør folk til mulige arkæologiske fund

a ghostly situation, as in a dream, you can't
move a foot, not a comma, your fingers also
are stuck to your digitalia, your mouth is numb
as a metaphor frozen on a remote mountain
in minus-10 degrees frost, and even so I am
sitting here at the existential table with all my
five senses in night's soundroom with all antennae
plugged into earth's beating Hearts of flesh or coal,
steal, and electricity, and still I am stuck inside
moulded glass, it must be the weather or something
I've read, or eaten, or remembered that
makes people into potential archaeological finds

engang var et menneskes navn en lille ordløs sang
man kunne fløjte den man tænkte på eller mødte—
dette navn fik man eller tog man sig når man hørte
hvad alle andre hed og hvem de kendte og elskede
det må have lydt lidt som en cykellås på seks toner
Jeg Er Ham Fra I Går eller noget lignende og navne
er vel nøgler i låse som åbner og lukker ligesom et
Jeg Er Vist Den Jeg Er eller Jeg Er In Gen Som Helst
Du Er He Le Mit Liv eller hvad vi nu har fløjtet efter
hinanden på gaden for at afgøre de store spørgsmål

(basta)

once a person's name was a brief wordless song
you could whistle the one you had in mind or met—
you took or received your name from hearing what
all the others were called and whom they knew and loved
it must have sounded something like a bike lock
with six tones You Met Me Yes Ter Day or something
similar and names are of course keys in locks that open and
close just as an I Am The One I Am or I Am No One At All
You Are All Of My Life or whatever we've whistled to
each other on the street in order to settle the big questions

(basta)

FRA UPS AND DOWNS 1996

FROM UPS AND DOWNS 1996

der sidder en lille mand inde i mandens
hoved, og han taler på et sprog langt inde
i sproget, og han siger ting, som findes
langt inde i tingene, og når han har gjort

sit arbejde, går han hjem til sin lille kone
langt inde i konen, og hvad der så sker
sker langt inde i alt muligt, f.eks. skoven,
hvis indre træer vokser ind i en himmel

inde i himlen, som indeholder en lang række
andre himle, den ene mere svimlende end
den anden, og mindre og mindre bliver de,
efterhånden som man trænger ind i dem,

til sidst er manden kun et enkelt punkt i
geometrien, uden udstækning, udeleligt

(homunculus mysticus)

a little man sits inside of a man's head,
and he speaks a language deep inside
of language, and he says things that exist
deep inside of things, and when he's finished

his work, he goes home to his little wife
deep inside of the wife, and what happens then
happens deep inside of whatever as, for instance,
in the woods whose inner trees grow into a sky

inside of the sky, itself containing a long series
of skies, each more dizzying than the former,
and they grow smaller and smaller
gradually as you penetrate them,

until finally the man is just a single point in
the geometry, without dimension, indivisible

(homunculus mysticus)

det du ser og tænker sætter sig fast i dig
tror jeg så når jeg viser dig noget andet
sætter også dette sig fast i dig men ikke
lige med det samme mens jeg ser dig se

dette andet mens du ikke helt slipper dit
første hvad det end er eller måtte være
og jeg regner endda egentlig med at det
er så meget forskelligt at du distræt som

du er tænker på alt muligt mens jeg viser
hvad jeg har at gøre godt med så for at
hjælpe dig foreslår jeg noget bestemt som
kan være godt at stå imod med mens du

prøver at følge mig og det bliver et billede
hvis farver farver det andet du nu ser sådan

(metafor)

what you see and think lodges itself in you
I believe so when I show you something other
this also lodges in you but not
right away while I see you seeing

this other while you can't quite release your
first item whatever it is or might be
and I even figure in the end that it is so very
different that you absentminded as

you are think about all manner of things while
I show you what I have to contribute so to
help you I suggest something specific which
can be useful to help you resist while you

try to follow me and it becomes a picture
whose colors color the other you now see in that way

(metaphor)

hvor kommer alt det onde fra, falder det
ned, springer det op, eller vakler det ud
af et skab, tæret af møl og mangel på ilt?
det er dog selv mekanisk, knasende og
udødeligt som de insekter, vi ikke kan
tale ordentligt med; nu har de spist mine
sweatere, og også jeg er snart gennemhullet;
jeg skriver breve, men lige meget hjælper det,
om jeg så råber eller bruger skoene; de skulle
bare vide, hvordan det føles, det ved de ikke

(og det interesserer dem heller ikke)

where does all the evil come from, does it fall
down, jump up, or does it come staggering out
of a closet, eaten by moths, needing fresh air?
yet it is itself mechanical, crunching, and
immortal like those insects we can't
speak to civilly; now they've eaten my
sweaters, and soon I'll be full of holes myself;
I write letters, but little good that does,
no matter how much I scream or bang shoes; they
should know how it feels, but in fact they don't know

(nor do they care)

poesi er at holde sig i nærheden
af venstre margin, alt andet er ren
udflugt og bordtennis i det grønne,
den rene picnic, vers løber ned og
ellers ingen vegne, bagefter kan de
hejses op som flag på en stang, så
blæsten kan få fat, vejret er verden

verse is about staying very close
to the left margin, the rest is just
a sidetrip with outdoor ping pong,
a pure picnic, verses run down or
go nowhere, afterwards you can
raise them up a flag pole to flutter
in a breeze, the weather is the world

ordene kender ikke noget til alt det andet, de kender kun deres egne små ting, som kun gælder herfra og dertil, derfor kan vi ikke tale gennem dem uden at sætte dem sammen, hvor de ikke hører til, jeg mener noget, som de ikke allerede har ment, jeg bruger dem mod hinanden, sætningen gør det, dette frembringer hørbare tanketing

words don't know anything about all
the rest, they only know their own small
things, which only apply from here to
over there, that's why we can't speak through
them without setting them next to each other,
where they don't belong, I mean to say some-
thing that they have never before meant to
say, I use them against one another,
the sentence does that, and this
brings forth audible thought-things

man fødes og ved ikke hvorfor,
man dør og husker at man ikke
ved hvorfor, man vil gerne vide det
men ved ikke hvorfor man gerne vil
vide det; *vil* man gerne vide det?

(nej)

one is born and doesn't know why,
one dies and remembers that one doesn't
know why, one would like to know why
but doesn't know why one would like
to know; *would* one like to know?

(no)

de blinde spillede fodbold med en blikdåse
man skal blot gå efter lyden, forklarede de
det går strålende, også litteraturen går fint

the blind were playing soccer with a tin can
you just have to follow the sound, they explained
it works great

(likewise literature)

nogle mennesker udvikler ligegyldighed
fidel fortalte, at hans ven dræbte en fyr
under et skænderi, en anden pralede af,
at han havde dræbt fyrre den samme dag,

han tilføjer, at disse folk aldrig bliver
normale igen, nu er de vant til at dræbe,
hvis nogen nægter at hjælpe dem med
en ting som for eksempel en cigaret,

ingen tager sig af det, en dreng på otte år
holdt en stor sten i hånden, løftede den og
kastede den, den faldt atter ned tre centi-

meter fra hovedet på en anden dreng, der
lå på jorden, det skete, fordi han ville have
et lille stykke papir eller også noget andet

some people develop indifference
fidel told about his friend who killed a guy
during an argument, another bragged of
having killed forty that same day,

he added that these people would never
be normal again, now they're used to killing
someone for not helping them out with
something such as, say, a cigarette,

no one bothers, an eight-year-old boy
held a large stone in his hand, lifted it and
threw it, it came to rest three inches

from the head of another boy, who
lay on the ground, this happened because
he wanted a piece of paper or something else

Danish poet **Per Aage Brandt** was born in Buenos Aires in 1944. He received his M.A. degree from the University of Copenhagen and his Ph.D. from the Sorbonne, his main areas of training being Romance Philology, Linguistics, and Comparative Literature. He is currently Professor of Cognitive Science at Case Western Reserve University. He has published close to thirty volumes of poetry while also publishing extensively in the fields of semiotics, linguistics, poetics, literary criticism, and aesthetics.

Thom Satterlee was born in Batavia, New York in 1967. He received his B.A. degree in Philosophy from Houghton College, an M.A. in English/Creative Writing from SUNY Brockport, and an M.F.A. in Literary Translation from the University of Arkansas. He is currently Associate Professor of English at Taylor University, where he also directs the Center for the Study of C.S. Lewis & Friends. He has published one book of poetry in translation and another of original poems.